Fondamenti di Sviluppo e Gestione
di un Progetto Software

Luciano Manelli

Note sull'autore

Luciano Manelli è nato nel 1975 a Taranto. Si è laureato in Ingegneria Elettronica al Politecnico di Bari ed ha prestato servizio quale Ufficiale di Complemento presso la Marina Militare. Ha conseguito il Dottorato di Ricerca in Informatica presso il Dipartimento di Informatica dell'Università degli Studi di Bari Aldo Moro ed è stato docente a contratto presso il Politecnico di Bari - Dipartimento di Ingegneria Gestionale per il corso di Fondamenti di Informatica e presso l'Università degli Studi di Bari Aldo Moro - Dipartimento di Economia per il corso di Informatica. Tuttora docente a contratto da due anni presso l'Università degli Studi di Bari Aldo Moro - Dipartimento di Informatica per il corso di Programmazione per il Web. Durante il dottorato ha approfondito lo studio sul Grid Computing redigendo pubblicazioni internazionali. Professionista certificato e autore di due testi ("Fondamenti di Informatica Moderna" e "Programmazione per il Web" – ARACNE Editore) e di varie pubblicazioni Amazon-Kindle, dopo aver lavorato 13 anni per InfoCamere S.C.p.A., dal 2014 è impiegato presso l'Autorità Portuale di Taranto.

Contatti dell'autore:

programmazionePerWeb@gmail.com

it.linkedin.com/in/lucianomanelli

Prefazione

Il presente testo è estrapolato dal libro universitario dell'autore. Il testo rappresenta il punto di partenza per studenti, neofiti e professionisti che vogliano affrontare lo studio e l'analisi dei progetti software nelle loro fasi e nella documentazione necessaria affinché lo sviluppo di un progetto segua linee guida complete ed esaustive per il successo del medesimo. La scrittura dei seguenti sintetici fondamenti si basano su una quindicennale esperienza lavorativa sui sistemi informativi e su esperienze di docenza in corsi universitari. Esso si rivolge sia al pubblico degli studenti che a quello dei professionisti, in quanto fornisce un quadro esaustivo sui moderni aspetti tecnologici ed informativi che un'azienda o una Pubblica Amministrazione deve tenere sotto controllo in un'ottica di costante aggiornamento al fine di migliorare i processi ed ottimizzare le modalità di lavoro non solo per garantire l'automazione esistente, ma anche per sperimentare nuovi modi di operare e dirigere.

La seguente dissertazione rappresenta il punto di partenza per chi desidera ottenere rapidi e concreti risultati. Ha quindi lo scopo di accompagnare il lettore nella gestione di un progetto, dai concetti preliminari, all'approccio con il cliente/utente finale, allo sviluppo dei requisiti, all'analisi funzionale, alla gestione della documentazione di progetto, fino all'indicazione di metodologie per l'analisi manageriale ed il controllo dell'evoluzione del progetto.

Ho sempre pensato e sostenuto che i sogni debbano essere conquistati e spero che la lettura e lo studio del presente testo vada oltre al suo scopo strettamente didattico aprendo prospettive su una realtà in continua evoluzione.

Luciano Manelli, "Fondamenti di Informatica Moderna", ARACNE, 2014.

1. Indice

2. Introduzione

Nello sviluppo di software, che siano programmi più o meno complessi, sia per applicazioni desktop, o per app o per i sistemi informativi di un'azienda o di un'organizzazione, riveste un'importanza non secondaria la gestione del "contorno" allo sviluppo del software vero e proprio. In questo contorno rientrano tutte le attività legate sia alla documentazione del software che alla gestione manageriale e qualitativa di un progetto. Quest'ultima gestione è necessaria per poter sia avviare che chiudere un progetto in maniera corretta, presentando un eventuale resoconto delle attività in ottica, ad esempio, di progetti europei, mentre la documentazione tecnica è indispensabile per dare evidenza degli strumenti usati, della metodologia di sviluppo, della sicurezza, della modularità e della manuntenibilità del software sviluppato. Scrivere semplici commenti nel programma non è più sufficiente, ma diviene necessario astrarre le in maniera sinergica e competitiva le modalità di sviluppo.

Il seguente testo ha lo scopo di introdurre il lettore allo studio di argomenti che sicuramente affronterà in ambito lavorativo. Verranno quindi di seguito concettualmente analizzate le tecniche e gli strumenti per la corretta gestione di un progetto software, partendo dalla relazione con il cliente, passando alla gestione di un progetto, all'analisi dei processi e degli scenari, per giungere alla progettazione, alla documentazione e agli strumenti di standardizzazione.

3. Relazione con il cliente - what the customer wanted

Prima di introdurre l'insieme delle metodologie, degli strumenti e dei software utili alla migliore gestione di un progetto è utile ed interessante analizzare uno dei tanti cartoon circolanti su internet legati alla gestione di un progetto a livello di relazioni tra cliente e software house, relativamente a cosa viene compreso realmente, a cosa viene chiesto, a come viene passata l'informazione nel sistema aziendale. È sufficiente cercare su un qualunque motore di ricerca la frase "what the customer wanted" ed ottenere diverse vignette. Una delle tante versioni (anche in italiano) può essere prelevata e personalizzata dal sito: http://projectcartoon.com/. L'origine di tale cartoon a forma di albero è incerta e forse riprende delle versioni che pendevano su molte pareti d'ufficio soprattutto tra gli anni '70 e '80. Questo cartoon diviene importante in un periodo di crisi come quello che l'intera comunità mondiale sta affrontando. Oggigiorno ciò che conta è massimizzare il livello di comunicazione, migliorando i rientri e i feedback con il cliente, che non ha più la possibilità di sperperare il proprio denaro per lo sviluppo di sistemi informativi inutili o inutilizzabili. Contemporaneamente è necessario evidenziare la necessità che un progetto ben posto e sviluppato, ovvero di qualità, possa avere costi leggermente superiori con relative ed elevate prospettive competitive di manuntenibilità, scalabilità e modularità.

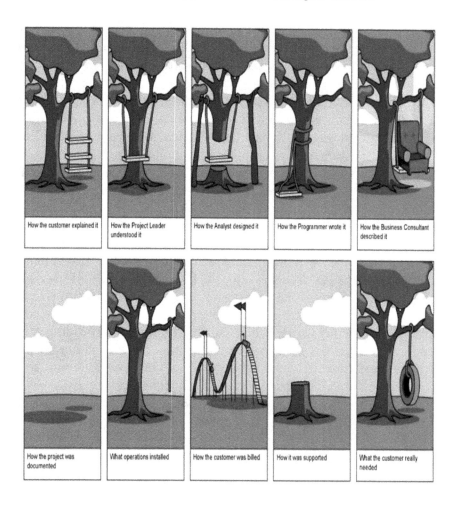

Figura 1. Gestione Progetto - how projects really work.

Tutto inizia da "come viene spiegata dal cliente" l'idea imprenditoriale o di miglioramento aziendale, ossia il progetto, il momento più importante: è necessario prestare molta attenzione a tale fase, effettuare numerosi ricicli eventualmente grafici e accompagnati da scenari di varia natura a supporto dei diagrammi di contesto.

La fase successiva è ancora più delicata espressa dalla frase "come viene compreso dal capo progetto", in quanto legata ai rapporti intra-aziendali, motivo per il quale è necessaria sempre una comunicazione scritta, validata e non ambigua in maniera tale che tutte le funzioni aziendali coinvolte possano esattamente sapere cosa fare. Il capo progetto ha infatti la responsabilità sia progettuale che delle persone con cui si lavora. Il passaggio all'analista, "come viene disegnato dall'analista" è anche fondamentale in quanto le basi dell'applicazione vengono stabilite in tale fase e i numerosi eventuali ricicli non potranno che mettere "toppe" ad un progetto mal concepito. La fase successiva, "come viene scritto dal programmatore" verte sulle capacità personali del programmatore: non tanto sulla capacità di scrivere codice quanto sulla capacità di interpretare un documento si spera "ben scritto", quindi di interloquire con la gerarchia aziendale per poter verificare il codice e le impostazioni. Il commerciale chiaramente lavora su un livello diverso e questo lo si evidenzia dalle sezioni "come viene descritto dal venditore" e "come è stato fatturato al cliente", in quanto legato esclusivamente ai rientri economici e alla pubblicità, che spesso, se non rispecchia realmente il prodotto che si sta vendendo, diviene controproducente: ciò che conta di più risulta l'opportuna affiliazione con il cliente che permette non solo di garantire futuri progetti, ma anche di allargare il bacino degli utenti di rete. Problema classico di ogni progetto, legato alla velocità con cui i progetti si accumulano, cambiano e si evolvono è la documentazione ("come viene documentato il progetto"), che risulta invece il core, in quanto (parere personale) un progetto software senza documentazione a corredo vale zero in quanto non formalmente verificabile, non manutenibile, non scalabile, non aggiornabile, non evolvibile. Altro problema legato alla "fretta" è la reale (o meno) presenza di tutte le funzionalità dichiarate a livello di contratto ("quali sono le funzioni installate"), che, per fortuna, le moderne metodologie di sviluppo agile permettono di arginare, in quanto comportano uno stretto ciclo di sviluppo-test-messa in esercizio. L'affiliazione al cliente è legata invece alla capacità di assistenza ("come viene supportato"), in quanto è necessario non tanto soddisfare il cliente in ogni sua richiesta, ma far sentire allo stesso la presenza di un'azienda (o una Pubblica Amministrazione) che si interessi della fruibilità del software consegnato anche in prospettiva di future evoluzioni.

Si giunge all'ultima vignetta, nella speranza che non si presenti mai: "quello di cui ha veramente bisogno il cliente", legata al fatto di non aver compreso cosa il cliente realmente volesse, di qui l'importanza della prima fase, ovvero comprendere esattamente (o con un minimo margine di errore) cosa il cliente realmente vuole con tutti gli strumenti possibili e disponibili. L'impresa non deve manipolare e direzionare l'utente verso i propri prodotti, ma comprendere i reali obiettivi, per poi poter sviluppare (o riciclare) al meglio il codice.

4. Sviluppo di un progetto software

La gestione di un progetto software è un interessante argomento di ingegneria del software e rappresenta un passaggio storico importante legato all'adozione di un modello di produzione industriale per lo sviluppo.

4.1. Fasi di Progetto

Anzitutto è necessario introdurre alcune tra le principali figure attuative per le varie fasi successivamente descritte, che possono essere sinteticamente elencate di seguito, quali soggetti standard per la promozione, la gestione e lo sviluppo di un progetto:

- Committente, ovvero la Struttura Organizzativa pubblica o privata che risulterà probabilmente il fruitore finale del progetto, o un eventuale intermediario, che fondamentalmente ha le risorse per finanziare il progetto. Esso è rappresentato dal titolare di un'azienda o un Manager Aziendale o un Dirigente di un una PA (ovvero da una persona con potere decisionale e di firma).

- Utente finale (o utilizzatore).

- Project Manager (a cui viene affidato il progetto).

- Tecnici (ovvero tutte le figure interessate alla implementazione, manutenzione) o Consulenti/Referenti interni o esterni alla struttura organizzativa dedito al controllo e alla supervisione del progetto.

Fondamentale è comprendere la necessità del prodotto o del servizio richiesto, in ottica di relazione con il cliente, già introdotta al paragrafo precedente, non solo in fase preliminare ma in tutto l'arco di vita del progetto stesso. Inoltre è necessario stabilire l'ambito del progetto stabilire definendone obiettivi e livelli di qualità attesi. Un progetto è diviso in fasi che partono dall'ideazione dello stesso, alla sua qualificazione tramite un Business Plan (o documentazione similare), alla sua pianificazione tramite un Project Plan (o documentazione similare), alla sua esecuzione che comporta non solo un piano esecutivo ma anche un livello di controllo, alla sua chiusura.

Sinteticamente le fasi del ciclo di vita di un progetto software sono:

- studio di fattibilità: rappresenta un elaborato che viene sviluppato prima dell'avvio di un progetto sulla base di un'idea di massima legata ad un nuovo prodotto o servizio o ad un'esigenza sollevata dal cliente finale con lo scopo di definirne e valutarne la reale fattibilità su un minimo di esigenze raccolte sia a livello tecnico che economico. Le richieste di sviluppo di un nuovo progetto sono legate a differenti fattori, che vanno da un miglioramento dei processi, alla necessità di soddisfare nuove esigenze interne all'organizzazione o di mercato. Risulta quindi necessario impostare le giuste interazioni fra i soggetti coinvolti, definire in modo chiaro e dettagliato sia le motivazioni che hanno indotto la richiesta che gli obiettivi che si desiderano raggiungere. Obiettivo è Coinvolgere subito tutti i soggetti (stakeholder) che in qualsiasi momento potrebbero essere parte attiva del prodotto/servizio, definendone ruoli e competenze. Tutti devono essere correttamente coinvolti e motivati, utilizzando le tecniche più moderne di gestione manageriale. Infatti, è necessario, in tale fase, definire in modo chiaro e dettagliato sia

8

le motivazioni che hanno indotto la richiesta, che gli obiettivi che si desiderano raggiungere, senza tralasciare una iniziale analisi di dati e requisiti che possono aiutare nella determinazione di costi e tempi. Lo studio viene anche normato dal legislatore e nel suo complesso mira a definire le caratteristiche generali e tecniche del progetto, eventuali alternative e la reale possibilità di realizzazione. L'accettazione dello studio di fattibilità comporta la redazione del "contratto", ovvero l'avvio del progetto da parte della dirigenza, attivando, in tal maniera, le successive fasi;

- raccolta (acquisizione) dei requisiti: la prima parte dello sviluppo seguente alla accettazione dello studio di fattibilità e dettata dalla creazione di un nuovo prodotto software o da esigenze che il cliente o il mercato sollevano (o che l'utente finale ignora, ma che il commerciale/tecnico, profondo conoscitore del cliente e del suo mercato, può proporre quali migliorie ed ulteriori fonti di guadagno). Si basa su un'approfondita indagine conoscitiva (dettagliata raccolta ed organizzazione di informazioni, dati e risorse) che parte dai dati raccolti in fase di studio di fattibilità e che permetta di stilare le caratteristiche che il sistema atteso debba avere e solitamente porta alla scrittura di un documento (informale) dei requisiti in cui si cerca di individuare punti chiave ed esigenze. Questa fase richiede chiaramente integrazione con il cliente e numerosi ricicli eventualmente accompagnati da strumenti che graficamente possano aiutare l'analisi successiva (si potrebbero proporre al cliente grafici per definire gli scenari o gli attori del sistema per poter ragionare concretamente su cosa realmente il cliente, interno o esterno, si immagini);

- analisi dei requisiti: descrizione completa dei dati coinvolti e delle operazioni su di essi e raggruppati solitamente in macrofunzioni e, gerarchicamente, da funzioni e sotto funzioni che ne dettagliano le attività. Vengono anche stabiliti i requisiti software e hardware;

- progettazione: si divide generalmente in progettazione dati e applicazione. La prima riguarda tutte le fasi di progettazione di un DB, nell'altra si definiscono le caratteristiche dei programmi applicativi. Le due attività possono procedere in parallelo. La tecnologia attuale ha sviluppato la filosofia del "connettore", ovvero la possibilità di switchare (ossia cambiare tecnologia di conservazione dati piuttosto che di applicativo) da un momento all'altro con opportuni accorgimenti e mantenendo invariate, nel caso di un applicativo, le funzionalità visibili dalla black box e, nel caso di un DB attraverso un travaso dei dati, la consistenza e l'integrità del DB stesso. Le descrizioni sono formali e fanno riferimento a specifici modelli. Per i DB, ad esempio, saranno presenti gli elementi di progettazione standard: dagli schemi E-R alla gestione delle tabelle e dei dati in dimensione e tipologia. In tale fase sarà necessario anche analizzare ulteriori elementi tecnico-prestazionali ed economiche che vanno manuntenibilità, alle risorse disponibili, ai tempi e ai costi.

- implementazione (produzione del codice): rappresenta la fase di sviluppo, ovvero di scrittura reale del codice al fine di realizzare l'applicativo secondo la struttura e le caratteristiche definite nella fase di progettazione. L'orientamento attuale (come indicato di seguito) è quello di eseguire verifiche step by step del progetto e di suoi singoli moduli (con necessari feedback e previsione di milestone). In tale fase vengono anche impostati e configurati i server e viene costruita e popolata la base dati;

- test e collaudo (validazione): serve a verificare il corretto funzionamento dell'applicazione attraverso una batteria di test preconfezionati sulla base del documento di analisi e progettazione, in modo da valutarne sia la correttezza funzionale (ad esempio si valuta se una scheda viene salvata nel modo giusto e con il flusso funzionale descritto nel documento di analisi e richiesto dal cliente), che la correttezza formale dell'applicazione (ad esempio si valuta se viene effettuato il controllo sul codice fiscale) e grafica, valutando anche aspetti di accessibilità e usabilità oltre che di continuità (se deve ad esempio essere attiva h24 o se è sufficiente che sia attiva solo la mattina durante l'orario di ufficio). Tale fase può essere accompagnata da una fase di integrazione (assemblare applicazione da componenti sviluppati separatamente);

- rilascio del software e di tutta la documentazione di corredo (dal manuale utente ai vari documenti tecnici e gestionali): sperimentazione e presentazione presso il cliente, start up ed avvio, con ulteriori test anche legati, se serve, al contesto aziendale in cui si sviluppa l'applicativo (se ad esempio necessita di installazioni in loco). Eventuale fase di istruzione del personale;

- funzionamento e manutenzione: il sistema informativo diviene operativo. All'interno del periodo di garanzia (che va da un minimo di sei mesi ad anni, a seconda del contratto stipulato con il cliente) si interviene in caso di malfunzionamenti evidenti e riproducibili, altrimenti si passa all'ordinaria manutenzione che è più legata ad una reale gestione dell'applicativo o alla correzione di errori provocati dal cliente (ad esempio si inserisce per sbaglio un fornitore nella scheda dei clienti). La manutenzione può essere impostata su tre livelli: manutenzione correttiva (legata alla correzione di errori), manutenzione adattativa (adattamento delle applicazioni all'ambiente, ad esempio switch di un DB o cambiamento del sistema operativo su cui poggia il software sviluppato), perfettiva o evolutiva (miglioramento, cambiamento o aggiunta di caratteristiche all'applicazione).

Chiaramente queste fasi non sono rigide, ma portano a successivi ricicli fino ad un assestamento definitivo e alla conclusione del progetto software. In alcuni casi è interessante presentare un prototipo tra la fase di analisi e quella di progettazione in modo tale che il cliente possa avere la sensazione di ciò che ha trasferito al tecnico nella speranza che il primo si sia espresso al meglio e che il secondo abbia ben compreso le esigenze, affinché si cada il meno possibile nei classici errori di comunicazione ed interpretazione che denota come alcuni progetti software (proprio per la loro natura "immateriale") falliscano per incomprensioni alla fonte (o all'interno della catena gerarchica propria di una software house). In tal caso risultano quindi necessarie la competenza tecnica, la collaborazione nel team e una buona gestione del management dell'applicazione. Il project manager assegnato al progetto non deve solo chiuderlo "facendo i conti in tasca", ma ha l'obbligo di seguire costantemente ogni fase, valutando attentamente ogni singola attività e gestendo i rischi.

4.2. Metodologie di sviluppo

Lo sviluppo del progetti presenta solitamente le fasi descritte ed il relativo riciclo in maniera differente in base alla metodologia di sviluppo adottata. Di seguito si indicano le metodologie più note:

- modello a cascata: metodologia per cui ogni fase produce un ben preciso output documentato che viene utilizzato come input per la fase successiva fino alla versione definitiva, che viene consegnata al cliente;

- modello evolutivo: metodologia che si basa sulla prototipazione del sistema, ovvero su una produzione del software limitata e sul relativo confronto col cliente per eventuali ricicli, superando in parte la rigidezza e i rischi del modello a cascata;

- modello a spirale: metodologia basata su un modello ciclico (comprendente delle principali fasi del ciclo di sviluppo) che abbina la bontà della prototipazione agli aspetti sistematici del modello lineare, consentendo lo sviluppo di versioni più ampie e complete del software ad ogni ciclo.

- modello agile: metodologia che coinvolge il più possibile il cliente, in modo tale da poter avere riscontri rapidi ed efficaci ad intervalli di tempo breve e che si fonda sul cambiamento rapido senza per questo rinunciare alla qualità del risultato. Lo sviluppo è basato su periodi di sviluppo di breve durata (timeboxing) con rilasci progressivi ed incrementali fornendo anche versioni dell'applicativo dimostrabili e potenzialmente rilasciabili.

4.3. Analisi dei Processi (BPMN) e degli Scenari (Use Case)

Le prime fasi del ciclo di vita di un progetto, soprattutto a livello di business, sono accompagnate costantemente da modellazioni ad alto livello che permettono agli stakeholder di poter verificare e validare, al livello di management, gli elementi su cui si baserà lo sviluppo del progetto in essere. Il Business Modeling individua gli ambiti di analisi e di modellazione dei processi, dei sistemi organizzativi, dei ruoli, delle responsabilità e delle interazioni all'interno di un'organizzazione gestendo l'integrazione di realtà distinte e consentendo di definire i requisiti per lo sviluppo o l'eventuale acquisizione di un software. In tale contesto l'analisi dei processi di business è sicuramente l'ambito più rilevante del Business Modeling, in quanto è il punto di partenza per l'implementazione dei processi su tecnologie basate su motori di Business Process Management (BPM), o per l'individuazione delle opportunità di innovazione, ovvero per la definizione di servizi IT. Nello sviluppo di un progetto software (che sia un servizio, un prodotto, o altro) diviene quindi fondamentale stabilire degli standard per la comprensione, l'analisi e lo sviluppo dei processi che interesseranno il sistema (dove è possibile definire un processo come l'insieme delle operazioni che vengono effettuate per ottenere un output finale atteso, dati degli input iniziali predefiniti). Nel tempo sono state proposte e usate diverse notazioni (compresi UML e DFD), ma negli ultimi anni si è affermato il BPMN (Business Process Model and Notation) quale standard internazionale. BPMN è lo strumento che permette di definire una notazione standard e visuale per modellare i processi, comprensibile da differenti attori (dai manager, da chi analizza i processi e da chi ne segue l'implementazione tecnologica), riconosciuto a livello internazionale ed interessante in quanto consente la scrittura di una notazione non tecnica ed intuitiva (ovvero riprendendo la logica dei diagrammi di flusso - flow chart) per la visualizzazione dei processi di business, comunque implementabile in XML per la simulazione/esecuzione dei processi medesimi (tramite il WS-BPEL).

Il BPMN non può essere utilizzato per rappresentare flussi di dati e oggetti, né per rappresentare funzioni o strategie dell'organizzazione che lo utilizza, ma rappresenta fondamentalmente il comportamento dei processi relativamente al flusso di controllo, consentendo la modellazione strutturata dei processi a vari livelli di astrazione.

Il comportamento viene gestito attraverso il concetto di token (gettone) che attraversa la struttura del processo. Nella figura successiva è possibile valutare un semplice flusso di controllo: un Inizio Processo / Evento Iniziale1 genera un token che sarà consumato al termine del flusso da un Fine Processo /Evento Finale6. Il percorso dei token è tracciabile attraverso una rete di Flusso logico2(in tal caso di sequenza, in quanto indica l'ordine di svolgimento delle attività), Gateway5(i quali esprimono la convergenza o la divergenza di flussi in sequenza e ricordano una evoluzione del blocco di controllo/test di un algoritmo: in tal caso è esclusivo) Attività3 (ovvero un task, che può essere un processo o un sotto-processo da evadere), Eventi Intermedi4 (quali messaggi, interruzioni, ritardi o eccezioni) all'interno del processo.

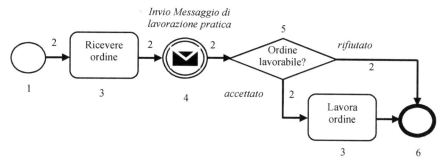

Figura 2. Esempio di flusso BPMN.

È possibile definire all'interno delle organizzazioni sia processi privati che non interagiscono con l'esterno, sia processi pubblici che interagiscono con l'esterno. In quest'ultimo caso, i processi pubblici presentano attività di comunicazione tra partecipanti producendo un flusso di messaggi. L'interazione tra i partecipanti può essere un controllo centralizzato, quale interazione costituita dai processi coordinati da uno stesso partecipante (Orchestrazione), ovvero senza controllo centralizzato, quale insieme di interazioni dei processi tra diversi partecipanti (Coreografia), ovvero quale insieme collaborativo di interazioni tra i partecipanti tra due o più processi (Collaborazione) comprendente Orchestrazioni o Coreografie differenti (in quanto basato sul processo di interazione e non sui singoli partecipanti).

L'esempio classico è la collaborazione tra medico e paziente, con uno scambio i messaggi verbali, telefonici o via mail. I processi possono essere individuati in settori orizzontali e le interazioni tra i due partecipanti possono effettuate attraverso un flusso di messaggi tra gli stessi.

Esistono differenti software per l'implementazione e lo sviluppo di processi tra cui alcuni open-source e in versione community, solitamente implementati in Java, che sviluppano strumenti di Business Process Management Solutions (BPMS) con lo scopo di automatizzare e monitorare i processi di business semplificando le operazioni, riducendo i costi e migliorando la qualità dei processi. Lo scopo di tali applicativi è quello di poter soddisfare le linee guida dettate dagli organismi internazionali di standardizzazione dei processi, tra cui Gartner per il Business Process Management (BPM).

L'analisi degli scenari e il conseguente utilizzo degli Use Case (introdotti nel paragrafo precedente) nasce dalla necessità di poter analizzare e reperire in maniera chiara e partecipativa i requisiti di un sistema software, in modo da garantire una vista ad alto livello e stabilire le funzionalità che il sistema realizzerà. Infatti a tale livello è necessario concentrarsi sul cosa fare, astraendo dall'implementazione. Fondamentalmente gli scenari si basano sulla necessità di individuare chi sono gli attori di un sistema (umani e non) e sulla necessità di sapere cosa andranno a fare nel sistema: approfondendo ogni caso d'uso potrà essere chiarito la modalità di inizio, le risposte che l'utente si attende dal sistema e la sequenza di passi con cui l'interazione si svolge con la eventuale partecipazione di altri soggetti coinvolti ma esterni al sistema.

Diviene quindi indispensabile per lo sviluppo di un progetto software poter ragionare con gli stakeholder in termini di casi d'uso agevolando la scoperta dei requisiti ed il loro approfondimento, costituendo il punto di partenza per le attività di analisi, progettazione, implementazione e test del sistema.

4.4. Specifiche Operazionali

Le analisi che emergono all'interno del ciclo di sviluppo dei sistemi software servono a definire delle specifiche su come il software debba essere poi realmente implementato e su come debba funzionare. Una serie di specifiche rappresentano affermazioni precise sui requisiti che un sistema deve avere e soddisfare, specifiche che devono risultare comprensibili, chiare, non ambigue e complete e che si concretizzano, in tal caso, in un accordo tra il cliente e il fornitore. Il concetto di specifica si esplica anche ad altri livelli, ad esempio, la specifica del progetto è l'accordo tra l'analista o l'architetto del sistema e gli sviluppatori o, ancora, la specifica di un modulo rappresenta l'accordo tra il team di sviluppo e il programmatore che implementerà quel modulo. Le specifiche possono generalmente distinguersi in specifiche descrittive (descrivono le proprietà desiderate in maniera puramente dichiarativa) ed operazionali (descrivono il sistema specificandone il comportamento desiderato, tramite l'ausilio di un modello in grado di simulare il sistema).

Queste ultime possono essere descritte in maniera semiformale, per supportare la descrizione dei sistemi informativi, e in maniera formale (notazione dalla sintassi e dal significato precisamente definiti anche attraverso modelli matematici verificabili) adatte per descrivere precisamente gli ambiti di controllo nella modellazione dei sistemi. Tra i descrittori delle specifiche operazionali è possibile individuare i seguenti:

- DFD (data flow diagram): diagramma di flusso dei dati (metodo semiformale), che è usato per le specifiche degli applicativi software e per la descrizione dei flussi informativi;

- UML (Unified Modeling Language): grafico (metodo semiformale) utile per la specifica, l'analisi, la visualizzazione e la documentazione di sistemi software;

- FSM (Finite State Machine): metodo formale per definire gli aspetti di controllo;

- PN (Petri Net): metodo formale per la specifica di sistemi che contengono attività parallele o concorrenti;

- ASM (Abstract State Machine): metodo formale che rappresenta un'evoluzione delle FSM per la modellazione di sistemi ad elevata variabilità e concorrenza, divenendo alternative o, in alcuni casi, migliorative rispetto alle PN.

Nel seguito si approfondisce il linguaggio UML, in quando è ormai uno degli strumenti più utilizzato in vari ambiti e livelli per lo sviluppo e la gestione di un sistema software.

5. Unified Modeling Language

Il linguaggio UML (Unified Modeling Language) si basa sul paradigma object oriented e risulta indispensabile in contesti in cui si definiscono delle interdipendenze tra concetti da modellare. Negli anni '90 sono introdotte nel mercato dell'ICT diverse metodologie per il disegno e la progettazione di sistemi software, ognuna con il suo insieme proprio di notazioni e simboli diversi, tra cui l'OMT (buono in analisi e debole nel disegno), il Booch1991 (buono nel disegno e debole in analisi) e il Jacobson (buono nell'analisi dei requisiti e del comportamento di un sistema ma debole in altre aree). Nell'ottobre del 1995, nasce la prima bozza dell'UML, quale unificazione di differenti notazioni per modellare un sistema software. La prima versione ufficiale, proposta dall'OMG (Object Management Group) è rilasciata nel 1997 ed adottata quale standard nella comunità software per la progettazione e la programmazione a oggetti. La versione più recente di UML risale al 2005: è la 2.0, caratterizzata da numerosi diagrammi per la descrizione dei processi sotto vari punti di vista. L'UML non è una semplice notazione, ma può essere considerato un linguaggio costituito da un insieme di elementi che hanno anche una rappresentazione grafica con regole sintattiche e semantiche ed implementabile con l'ausilio di diversi strumenti di sviluppo anche gratuiti. Inoltre UML è un modello semiformale perché descritto in linguaggio naturale e con l'uso di diagrammi, cercando di ridurre al minimo le ambiguità.

Di seguito si introducono sinteticamente alcuni dei principali diagrammi usati in ambito progettuale.

5.1. Use Case Model

I casi d'uso (Use Case) definiscono una descrizione del comportamento del sistema dal punto di vista dell'utente, senza dover specificare come tale comportamento viene realizzato. Il modello è caratterizzato da una sequenza di azioni, incluse le varianti, che un sistema compie per produrre un risultato osservabile con un valore per un attore e corrisponde a un compito che l'attore vuole eseguire o il sistema deve eseguire e la sua descrizione definisce cosa accade nel sistema in seguito all'evento di innesco. Tale modello è interessante in quanto analizza le funzionalità del sistema dal punto di vista di chi lo utilizza e può essere quindi usato, data la sua semplicità ed immediatezza di comprensione, per schematizzare le richieste del cliente finale.

Gli elementi che costituiscono i diagrammi dei casi d'uso sono:

- attore: l'utente o il sistema che controlla le funzionalità e fornisce input o riceve output dal sistema;

- use case: l'unità funzionale del sistema;

- relazioni: le relazioni che intercorrono tra use case ed attori e sono association (identifica relazioni semplici tra attori e casi d'uso); include (un caso d'uso che è incluso nei casi d'uso di partenza e rappresentato graficamente come una dipendenza stereotipata come <<include>>); extend (un caso d'uso che estende il comportamento di un altro caso specificando i punti in cui il comportamento viene esteso (extension points) e rappresentato graficamente con una freccia aperta con linea tratteggiata sormontata dallo stereotipo <<extend>>); generalizzazione tra attori (si applica quando un attore è un sottotipo di un altro rappresentato graficamente con una freccia con la punta non riempita) e tra casi d'uso (in cui un caso d'uso figlio eredita il comportamento ed il significato del caso d'uso padre, usato per rappresentare i percorsi alternativi di un'interazione complessa con il sistema).

Figura 3. Definizione di Attore e Caso d'Uso.

Si ipotizzi ad esempio lo scenario di un sistema di acquisto automatizzato di biglietti del bus da parte di un attore (acquirente viaggiatore) Un attore può prendere un biglietto giornaliero, settimanale o mensile. Di seguito viene rappresentato il caso d'uso.

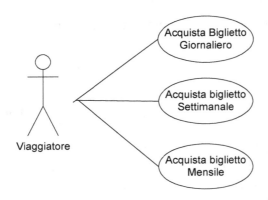

Figura 4. Esempio di caso d'uso.

Per ogni caso d'uso è necessario sempre inserire e descrivere gli elementi di progettazione del caso d'uso per meglio individuare lo scenario. Infatti, ogni caso d'uso è costituito da un nome e da una specifica. La specifica è costituita da precondizioni (entry conditions): condizioni che devono essere verificate positivamente prima che il caso d'uso venga eseguito (quali vincoli sullo stato iniziale del sistema); dalla sequenza degli eventi (flow of events): i passi (anche numerati) che compongono il caso d'uso; le postcondizioni (exit conditions): condizioni che devono risultare vere quando il caso d'uso termina l'esecuzione. Nel caso in esame, è possibile definire i seguenti elementi per il caso d'uso (preferibilmente in forma tabellare):

- id: caso d'uso 1;

- descrizione: l'utente redattore inserisce i dati relativi all'impresa e per ciascuna impresa inserisce i dati relativi ai dipendenti che ne fanno parte;

- attore primario: utente redattore;

- precondizione: l'utente si è collegato al sistema nella sezione di inserimento;

- sequenza eventi scatenanti:

- l'utente seleziona il pulsante "Inserisci Impresa";

- l'utente inserisce i dati relativi all'anagrafica dell'impresa;

- l'utente inserisce i dati relativi ai dipendenti dell'impresa;

- il sistema inserisce e dati e riporta l'utente alla pagina iniziale;

- post-condizione: l'impresa è stata aggiunta al sistema;

- sequenza eventi alternativa: se l'impresa esiste già, il sistema avvisa l'utente.

5.2. Class diagram model

Essendo il paradigma UML di tipo object oriented, ogni oggetto può essere suddiviso in categorie e quindi in classi. Il diagramma delle classi permette di descrivere i tipi di entità, con le caratteristiche e le eventuali relazioni fra loro, e risulta utile per esplicitare e spiegare, ad esempio, un progetto software sviluppato con linguaggi ad oggetti (C++ o Java). Ogni classe si rappresenta con un rettangolo e si nomina con una lettera maiuscola. Per ogni classe di definiscono:

- attributi: rappresentano le proprietà di una classe e il loro nome viene scritto in minuscolo; se l'attributo è costituito da più parole ad esempio "numero clienti" la dicitura corretta sarà "numeroClienti", riprendendo la modalità di programmazione ad oggetti. Inoltre nelle "constrains" vengono indicate le regole che la classe deve obbligatoriamente seguire e nelle note vengono incluse informazioni aggiuntive di diversa natura;

- metodi: è un'azione che gli oggetti di una certa classe possono compire, si rappresentano analogamente agli attributi. Nelle parentesi sono indicati i parametri e dopo i due punti si indica il tipo di valore restituito.

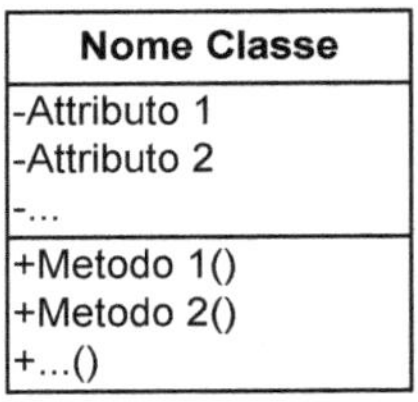

Nome Classe
-Attributo 1
-Attributo 2
-...
+Metodo 1()
+Metodo 2()
+...()

Figura 5. Definizione del diagramma delle classi.

È possibile anche definire delle associazioni tra classi logicamente correlate, che vengono rappresentate con un segmento continuo che congiunge i rettangoli rappresentativi delle classi correlate tra loro. Per le associazioni è possibile definire la molteplicità come il numero di oggetti di una classe che interagiscono con quelli della classe associata.

5.3. Activity model

Il modello delle attività risulta interessante in quanto è rappresentato similmente ad un diagramma di flusso e serve per descrivere un'operazione o un processo di business mostrandone attività, rami e nodi decisionali. I punti di partenza e di fine vengono rappresentati con dei cerchi pieni mentre le singole attività con rettangoli con le punte arrotondate. I rettangoli tra loro sono collegati da frecce che rappresentano il susseguirsi cronologico delle attività.

Figura 6. Definizione del diagramma delle attività.

Oltre alle semplici attività si possono individuare altre componenti dell'activity model per gestire Decisioni o Path concorrenti.

5.4. Sequence model

Il diagramma di sequenza viene utilizzato per rappresentare come avviene la comunicazione tra oggetti in relazione allo scorrere del tempo. In tale modello gli oggetti si rappresentano come in rettangoli e vengono disposti alla sommità del grafico: la linea tratteggiata rappresenta la life line dell'oggetto e i rettangoli su di essa definiscono l'operazione di cui l'oggetto si fa carico (activation).

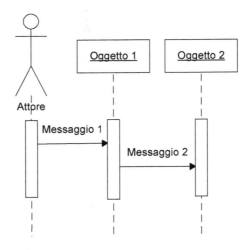

Figura 7. Definizione del diagramma di sequenza.

I messaggi che gli oggetti si scambiano sono rappresentati dalle frecce e possono essere simple (rappresenta il trasferimento del controllo da un oggetto ad un altro); syncrhonous (un oggetto invia un messaggio e attende che gli venga restituita una risposta al messaggio stesso prima di poter continuare con altre operazioni); asycrhonous (diversamente dal precedente, un oggetto invia un messaggio, ma non attende che gli venga inviata alcuna risposta prima di continuare con altre operazioni). Le frecce dei messaggi partono dalla linea della vita del mittente con la punta rivolta alla linea della vita del destinatario.

5.5. Component model

I componenti sono moduli del sistema, dotati di identità e con un'interfaccia ben specificata e definiti in esso come black-box. I componenti possono essere principalmente di tre tipi:

- Deployment components. Che rappresentano la base dei sistemi eseguibili (DLL, eseguibili, Controlli Active X, Java Beans);

- Work Product Components: dai quali vengono creati i deployment components (e quindi: file di dati e file sorgenti);

- Execution Components: creati come risultato del sistema in esecuzione.

La loro rappresentazione è espressa nella figura sottostante; i componenti possono essere anche correlati tra loro e facenti parte di un package.

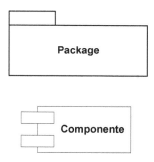

Figura 8. Elementi base del diagramma delle componenti.

5.6. Deployment model

Le componenti modellano il sistema in relazione al software, i deployement lo modellano in relazione all'hardware mostrando le configurazioni e le relazioni tra componenti hardware e software del sistema e si basano sul concetto di nodo, che rappresenta una qualsiasi risorsa hardware. I nodi possono essere ad esempio il processore o un dispositivo. Essi si rappresentano con un cubo.

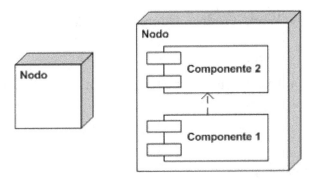

Figura 9. Elementi base del diagramma di Deployment e diagramma composto.

Spesso all'interno di un nodo sono anche inserite le componenti per valutare la distribuzione delle componente software tra le componenti hardware.

5.7. Strumenti per lo sviluppo UML

È possibile scaricare ed eseguire in locale diversi tool per la creazione dei diagrammi UML. Uno dei più importanti applicativi per la gestione dello UML è il Visual Paradigm, la cui versione Communiy è gratuita (anche se per scopi non commerciali). Per scaricare la Visual Paradigm Community Edition è sufficiente andare al seguente indirizzo: http://www.visual-paradigm.com/download/community.jsp e far partire il download, successivamente installare il prodotto ed iniziare a lavorare. La versione community scaricata ed installata su sistema Windows ha la seguente schermata iniziale.

Figura 10. Visual Paradigm versione community, pagina iniziale.

In alternativa sono presenti molti software gratuiti tra cui si rammenta StarUML.

6. Analisi funzionale e Documentazione

La documentazione permette di valutare la bontà dello sviluppo effettuato in vari ambiti, dalla sicurezza all'accessibilità, dalla modularità alla riusabilità del software, dal management al testing e quindi alla manuntenibilità. La documentazione di progetto inizia solitamente con un titolo (ed eventuali codici progettuali), un versioning del documento (nel caso vengano emesse diverse edizioni nel tempo), un livello di riservatezza (se è un documento che può essere fatto visionare fuori dall'organizzazione o se ha solo uso interno alla stessa), eventuali riferimenti a processi e documenti interni ovvero a prescrizioni legislative o norme comunitarie cui attenersi, una eventuale matrice di responsabilità per individuare i ruoli e le competenze di progettisti e sviluppatori, eventuali impatti e integrazioni con i sistemi in essere o legacy. È necessaria la presenza di un indice e di una tabella che indichi termini, definizioni e acronimi di cui si farà uso nel seguito del documento.

Può essere interessante una descrizione introduttiva per riassumere i concetti cardine dell'applicativo che si sta sviluppando. Nel caso in esame il committente richiede di progettare una web application attraverso cui un redattore potrà inserire e gestire l'anagrafica delle imprese (con eventuali impiegati) e la relativa documentazione. Per ciascuna azienda si dovrà avere l'opportunità di inserire i dati relativi alla relativa anagrafica e i dati relativi agli impiegati sotto contratto. I dati potranno essere ricercati anche tramite sistemi WS.

A tale descrizione può essere associato un diagramma di contesto o un semplice schema di presentazione del sistema simile a quello sotto indicato.

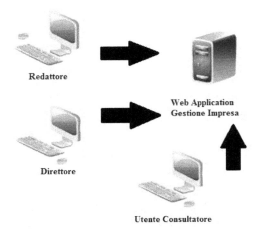

Figura 11. Schema di presentazione della web application.

Se si stanno effettuando delle modifiche ad un software preesistente è indispensabile inserire una sezione che illustri lo status quo (evidenziandone bachi o mancanze, in quanto darà valore aggiunto ai nuovi sviluppi).

6.1. Requisiti Funzionali e non Funzionali

I requisiti funzionali descrivono in dettaglio funzionalità e specifiche e i servizi che il sistema deve fornire al cliente finale e che devono essere implementati.

Nel caso in esame è possibile sviluppare la seguente tabella di funzionalità. Il titolo della tabella può essere indicato come requisito, funzionalità, servizio o altra terminologia significativa. La profondità delle spiegazioni è legata alle necessità oggettive di progetto. Si prende come riferimento il progetto in esame. Quando si inseriscono i numeri per i codici è buona norma numerarli a multipli di 5 o di 10 per poter successivamente inserirne altri (come i primi linguaggi di programmazione in Basic, in cui potevano successivamente essere inserite righe di codice intermedie senza rinumerare il tutto).

Codice	Titolo	Codice	Titolo	Descrizione	Note
Macro-Requisito/ Macro-Servizio/ Macro-Funzionalità	Macro-Requisito/ Macro-Servizio/ Macro-Funzionalità	Requisito/ Servizio/ Funzionalità	Requisito/ Servizio/ Funzionalità	Requisito/ Servizio/ Sevizio/ Funzionalità	Note
MR01 MS01 MF01	Inserimento Impresa	100	Inserimento dati Impresa	Modulo di inserimento impresa con i seguenti campi: • Partita IVA; • Denominazione; • Email; • Telefono.	Una impresa può non avere impiegati.
		110	Inserimento dati Impiegato	Modulo di inserimento impiegato con i seguenti campi: • Codice Fiscale; • Nome; • Cognome; • Matricola.	Gli impiegati non sono obbligatori.
MR05 MS05 MF05	Ricerca Impresa	100	Ricerca dati Impresa	Modulo di ricerca impresa con i seguenti campi: • Partita IVA; • Denominazione.	
MR05 MS05	Ricerca Impresa tramite	100	Ricerca dati Impresa	Modulo di ricerca impresa con i seguenti	

MF05	WS			campi: • Partita IVA.	

Tabella 1. Tabella dei requisiti funzionali.

I requisiti non funzionali non sono legati alle funzionalità in senso stretto ma a vincoli di contorno al sistema, quali usabilità e accessibilità ovvero business continuity e disaster recovery (su cui si farà un approfondimento nei paragrafi successivi), sicurezza, aderenza a layout particolari o a norme legislative, ecc. Nel caso in esame è possibile sviluppare la seguente tabella di requisiti non funzionali, quale esempio di funzionalità richieste.

Codice Macro-Requisito/ Macro-Servizio/ Macro-Funzionalità	Titolo Macro-Requisito/ Macro-Servizio/ Macro-Funzionalità	Codice Requisito/ Servizio/ Funzionalità	Titolo Requisito/ Servizio/ Funzionalità	Descrizione Requisito/ Servizio/ Funzionalità	Note
SIC	Sicurezza	100	Sicurezza sistemistica	L'applicazione è all'interno della intranet aziendale, protetta da proxy intelligente e firewall.	
	DS	200	Disaster Recovery	L'applicazione deve essere in regime di DS.	
	CA	300	Continuous Availability	L'applicazione deve essere in esercizio H24 7 giorni su 7 (oppure H8 per 5 giorni su 7: ovvero in orario di ufficio).	

	Profili	400	Profili di Accesso	L'applicazione deve essere acceduta in maniera controllata.	Utenti: redattore, direttore, consultat ore
PRI	Privacy	100	Sicurezza dati	L'applicazione viene acceduta con certificato SSL (ovvero in https).	Aderenza al D.Lgs. 196/2003
	Ruoli	200	Ruoli di Accesso	L'applicazione deve essere acceduta solo al personale delegato.	Utenti: redattore, direttore, consultat ore
USA	Usabilità	100	Usabilità del sistema	L'applicazione deve essere usabile.	
	Compatib ilità	200	Compatibilità con diversi browser	L'applicazione deve essere acceduta da Chrome, IE, Firefox, Safari, Opera	
ACC	Accessibi lità	100	Accessibilità del sistema	L'applicazione deve essere accessibile.	Aderenza alla legge Stanca
HW	Hardware	100	Server	Definizione server	
	Rete	200	Banda	Definizioni rete	
SW	Software	100	Server DataBase	Definizione delle tipologie di sw e pacchetti applicativi da usare	
LAY	Layout	100	Grafica	Aderenza a sito istituzionale	

Tabella 2. Tabella dei requisiti non funzionali.

6.1.1. Usabilità e Accessibilità

Con l'evoluzione del web 2.0 diventa centrale la partecipazione dell'utente alla creazione e fruizione dei contenuti e in questo scenario l'usabilità diviene un concetto fondamentale per comprendere come l'utente possa interagire ed interfacciarsi al meglio con le moderne tecnologie ICT. L' ISO 9241 definisce l'usabilità su tre aspetti fondamentali relativamente ai quali determinati utenti raggiungono determinati obiettivi in taluni contesti:

- efficacia: accuratezza e completezza con cui raggiungere un obiettivo;

- efficienza: l'insieme delle risorse spese per ottenere tale risultato;

- soddisfazione: il comfort e l'accettabilità del sistema.

Stabilisce ovvero che un'interfaccia si può dire usabile se è facile da imparare, veloce da usare, efficace nel raggiungere gli obbiettivi ed, infine, ovviamente piacevole da utilizzare per gli utenti. Quindi deve risultare adeguata ai bisogni e alle aspettative degli utenti finali che usano un prodotto in determinate condizioni, oltre che risultare facile da capire, da imparare, da usare.

Il processo di progettazione e creazione di un portale o di un sito deve ovvero essere incentrato attorno all'utente (valutandone anche prototipi intermedi) per ottenere rientri positivi e massima soddisfazione. Questo si può ottenere seguendo semplici regole, quali usare un dialogo semplice e naturale, immediato per l'utente, minimizzare il carico di lavoro dell'utente per effettuare le operazioni, proporre messaggi di errore significativi e comprensibili, prevenire errori, fornire aiuto e documentazione, in ultimo, usare diversi media integrati per aumentare la comprensione dell'informazione presentata, aumentando gli stimoli, ma senza affogare l'utente, tramite testo, suoni e video. Quindi quando si progetta un'interfaccia è necessario seguire alcuni passi che possano portare al migliore risultato analizzando gli obiettivi del sistema e l'utenza che andrà a lavorare, progettare e costruire dei prototipi valutando iterativamente con il cliente (o con una potenziale clientela) i rientri ed il grado di soddisfazione. In tali situazioni ritornano utili sia interviste introduttive che questionari sui prototipi.

Fondamentalmente l'utente non cerca e non desidera siti o applicazioni altamente funzionali, in quanto è una prerogativa che dà per scontato, ma ricerca siti soddisfacenti ai bisogni del momento, che possano essere applicativo-lavorativi o di relax. Infatti si ha la tendenza non di leggere le pagine web, ma di scorrerle (come nella vita di ogni giorno per i giornali e le riviste): l'utente, nella frenesia quotidiana, si sofferma solo se intravede qualcosa di interessante. Conseguentemente, un generico sito o applicativo dovrebbe essere così esplicito e immediato che l'utente dovrebbe sapere subito di cosa tratta, cosa può fare e dove poter cercare ciò che gli serve.

L'accessibilità individua la capacità di un servizio di essere fruibile con facilità da una qualsiasi tipologia di utenza (anche con ridotta capacità sensoriale, motoria, o psichica) e risulta un tema di elevato impatto sociale in un momento in cui le tecnologie ICT rappresentano una delle leve fondamentali per lo sviluppo sociale e per l'inclusione di tutti i cittadini.

L'argomento è anche trattato dal Legislatore (Legge 9 gennaio 2004, n. 4 – Legge Stanca recante le "Disposizioni per favorire l'accesso dei soggetti disabili agli strumenti informatici") e introduce l'obbligo per le PA di dotarsi di siti web accessibili. E da un punto di vista prettamente tecnico esistono alcuni standard internazionali che, per quanto concerne il web, sono le WCAG 2.0 (Web Content Accessibility Guidelines) redatte dalla WAI (Web Accessibility Initiative, sezione del World Wide Web Consortium), riconosciute quale norma mondiale "de facto" per la progettazione di siti web accessibili. Fondamentalmente tali regole si basano su alcuni accorgimenti da adottare nello sviluppo di un sito web, quali fornire alternative equivalenti per il contenuto visivo e audio, non fare affidamento unicamente sul colore, usare marcatori e fogli di stile e farlo in maniera appropriata, garantire all'utente il controllo dei mutamenti di contenuto dipendenti dal tempo (elementi in movimento), garantire l'accessibilità diretta delle Interfacce Utente Incorporate (operando, ad esempio, con i comandi vocali), garantire l'indipendenza dal dispositivo, usare le tecnologie e le linee guida del W3C, fornire meccanismi di navigazione chiari, garantire che i documenti siano chiari e semplici. Sono presenti a riguardo livelli di priorità da soddisfare (tre livelli) e in base ai quali i siti possono fregiarsi dei marchi di conformità. In ultimo, con il passaggio dalle WCGA 1.0 alle WCGA 2.0, sono stati introdotti quattro nuovi principi cardine da seguire da parte di un'interfaccia, che deve essere percepibile, operabile, comprensibile e robusta.

6.1.2. Business Continuity e Disaster Recovery

La società odierna poggia profondamente sui servizi forniti sulla rete, dalle aziende ai singoli utenti: è necessario quindi poter prevedere in caso di guasti (la rottura di un HD) o catastrofi (incendi), la possibilità di mantenere comunque attivi i sistemi. La prima situazione viene risolta con l'uso di tecniche di business continuity, che consentono all'azienda di continuare ad esercitare il proprio business a fronte di eventi avversi che possono colpirla attraverso un particolare piano che valuta i rischi e organizza opportunamente i propri sistemi al fine di poter mantenere sempre attivo il servizio fornito (ad esempio usando macchine ridondanti in Cluster si previene la possibilità di problematiche al servizio fornito quando una delle macchine del Cluster dovesse cedere). Nel caso di grandi organizzazioni il business continuity plan può essere integrato con il disaster recovery plan, che permette il ripristino delle funzionalità dei sistemi informatici nel caso di eventi catastrofici, i quali rendono indisponibile la sede in cui risiedono i server dell'azienda: questo attraverso l'attivazione di sistemi silenti, ma sempre aggiornati, in altra sede aziendale geograficamente distante. È necessario attivare dei processi semplificati di decisione e di azione per fronteggiare le singole situazioni, valutando i sistemi e le applicazioni core dell'azienda e definendo le relative priorità, riconoscendo le problematiche e attivando le relative politiche di intervento e, in ultimo, definendo degli obiettivi misurabili per il ripristino del servizio, valutando i costi potenziali che un disservizio di varia natura può provocare all'azienda.

6.2. Banche Dati

Il modello concettuale dei dati riporta tutta l'analisi svolta per la progettazione e l'implementazione dell'archivio partendo dall'analisi concettuale e logica, giungendo alla definizione dei campi sul DB selezionato per il sistema software in via di sviluppo. Questo documento, in quanto tra i primi sviluppati potrebbe anche avere una sua indipendenza. Potrebbe essere utile anche analizzare ed integrare altre banche dati già presenti nell'organizzazione.

6.3. Architettura dell'applicazione

È necessario descrivere l'architettura dell'applicazione, anche con l'ausilio di grafici, in cui si evidenzi la struttura fisica e logica: dal posizionamento dei DB, alla presenza di un web server Apache per il ridirezionamento delle chiamate, all'Application Server, alla presenza di firewall o al posizionamento del software in DMZ (segmento isolato della rete di un'organizzazione accessibile sia da internet che dalla intranet, ma con elevati profili di sicurezza nell'esposizione ad internet).

6.4. Progettazione

In questa sezione è necessario inserire tutte le descrizioni necessarie per approfondire lo studio del software che si sta (o che si è) sviluppato.

Si può introdurre la documentazione con la gestione e le scelte effettuate per il ciclo di sviluppo del software (ad esempio metodologia agile).

Successivamente è necessario sviluppare differenti diagrammi in funzione delle reali necessità. Sicuramente lo Use Case è necessario per individuare gli scenari applicativi. Ad esempio, per quanto riguarda l'analisi effettuata di esempio, lo use case è legato alla possibilità di inserire o ricercare imprese.

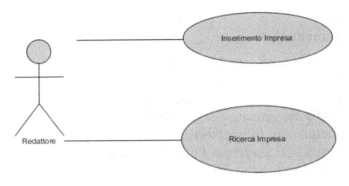

Figura 12. Use Case Inserimento e Ricerca Impresa.

Per ogni caso d'uso è utile inserire e descrivere gli elementi di progettazione del caso d'uso. Infatti, ogni caso d'uso è costituito da un nome e da una specifica. La specifica è costituita da precondizioni (entry conditions): condizioni che devono essere verificate positivamente prima che il caso d'uso venga eseguito (quali vincoli sullo stato iniziale del sistema); dalla sequenza degli eventi (flow of events): i passi (anche numerati) che compongono il caso d'uso; le postcondizioni (exit conditions): condizioni che devono risultare vere quando il caso d'uso termina l'esecuzione. Nel caso in esame, è possibile definire i seguenti elementi per il caso d'uso (preferibilmente in forma tabellare):

- id: caso d'uso 1;

- descrizione: l'utente redattore inserisce i dati relativi all'impresa e per ciascuna impresa inserisce i dati relativi ai dipendenti che ne fanno parte;

- attore primario: utente redattore;

- precondizione: l'utente si è collegato al sistema nella sezione di inserimento;

- sequenza eventi scatenanti:

- l'utente seleziona il pulsante "Inserisci Impresa";

- l'utente inserisce i dati relativi all'anagrafica dell'impresa;

- l'utente inserisce i dati relativi ai dipendenti dell'impresa;

- il sistema inserisce e dati e riporta l'utente alla pagina iniziale;

- post-condizione: l'impresa è stata aggiunta al sistema;

- sequenza eventi alternativa: se l'impresa esiste già, il sistema avvisa l'utente.

Successivamente è importante inserire i class diagram con le relative descrizioni e i sequence diagram di tutte le classi per avere una documentazione completa ed un software manuntenibile anche a fine contratto (pubblico o privato). Interessante a livello di sistema è il diagramma delle componenti. In ultimo sarebbe utile descrivere grafica e layout.

6.5. La documentazione di configurazione del Progetto

La documentazione di configurazione è un "manuale utente" per il sistemista che deve installare l'applicativo o per lo sviluppatore che deve effettuare modifiche sul software. È fondamentalmente caratterizzato dalla descrizione e dalle indicazioni sulla mappatura dei server, degli ambienti operativi, dei DataBase, dei repository e dei software applicativi (con le relative versioni, librerie e IDE di sviluppo) e sulle configurazioni dei file e dei parametri principali di sistema, dei file di log, delle catene di schedulazione.

6.6. Il manuale utente

Il manuale utente è importante e necessario per rendere operativo il sistema e deve essere conciso e puntuale e corredato dalle schermate con tutti i riferimenti delle operazioni che possono essere eseguite. Potrebbe essere utile anche riepilogare i controlli (quali obbligatorietà dei campi o controllo codice fiscale) che vengono effettuati e gli eventuali messaggi di errore (quali problemi di accesso al DB), in maniera tale da sapere su cosa agire una volta contattati dal cliente (in tal caso una documentazione chiara è un rientro positivo anche per il fornitore del servizio).

7. WBS e Cronoprogramma

Un progetto, non necessariamente informatico, è individuato da una serie di attività, che dovrebbero essere il più possibile dettagliate, quasi atomiche per poter averne un controllo completo ed esaustivo tale da definirne esattamente tempi di sviluppo e criticità e, quindi, costi per poi poter fornire il costo completo di progetto. Graficamente un progetto può essere diviso in N attività (cercando di non andare in media oltre ai 9 livelli) in maniera gerarchica attraverso la WBS. La WBS (Work Breakdown Structure), rappresenta una scomposizione grafica e strutturata di un progetto tramite l'individuazione di attività definite ad un livello di dettaglio sempre maggiore. La WBS risulta quindi uno strumento organizzativo indispensabile per gestire un progetto permettendo di pianificare, di assegnare e di monitorare l'evoluzione del progetto stesso. La realizzazione della WBS è legata al processo di pianificazione ed è lo strumento che, partendo dalla definizione dei contenuti (scope), consente di costruire il reticolo delle attività fino ad arrivare alla realizzazione della schedulazione anche attraverso lo sviluppo di un diagramma che definisca i tempi di consegna in base alle criticità: in questo caso diagrammi come PERT o GANTT possono risultare utili, in quanto determinano una vista temporale, ovvero un cronoprogramma, sulle attività individuate dalla WBS (che considera il progetto dal punto di vista dei contenuti).

Si ipotizzi di voler impostare una WBS legata alle specifiche funzionali individuate nell'analisi effettuata. È possibile definire un primo semplice schema come di seguito riportato, in cui sono presenti sia gli elementi relativi all'analisi funzionale, ma anche le attività legate al management del progetto e alla fase di testing (in un ulteriore livello di dettagli potranno essere individuate le aderenze ai requisiti non funzionali ed un'ulteriore specializzazione delle attività legate ad esempio al linguaggio di programmazione usato o al database scelto).

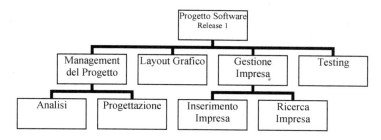

Figura 13. Esempio di WBS

Il relativo cronoprogramma sarà legato alle attività della WBS in funzione dei tempi previsti per ogni singola attività e definiti dal PM (Project Manager) relativamente alla figura scelta (che ha costi differenti che portano poi al costo complessivo del progetto). Ad esempio, e semplificando, l'analisi del progetto verrà affidata ad un analista per un tempo pari a 10 giorni/uomo, successivamente il progettista impiegherà 5 giorni/uomo (o sempre 10 giorni se lavora part-time a 4h al giorno, motivo per cui spesso si parla ore/uomo e non giorni/uomo) per la scelta delle tecnologie e l'impostazione del progetto. In una fase successiva potrà partire parallelamente il layout grafico e lo sviluppo software per n giorni. In ultimo, se un analista costa 100 all'ora, un progettista 150 all'ora e uno sviluppatore 50 all'ora, sarà possibile anche individuare il costo del progetto. È possibile definire un primo semplice cronoprogramma come di seguito riportato.

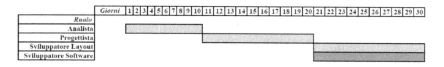

Figura 14. Esempio di Cronoprogramma.

I Cronoprogrammi sono uno strumento fondamentale per definire Project Lifecycle, MailStone (punti intermedi di controllo del progetto) e valutare Critical Path (percorso critico individuato da attività che non possono essere svolte parallelamente in quanto logicamente dipendenti tra loro in ottica di sequenza temporale, il che comporta una variabilità dell'attività sulla durata dell'attività successiva), ma anche per dilatare eventuali tempi a seguito di analisi di Risk Management. Nell'esempio sopra riportato è possibile notare come il lavoro degli sviluppatori può iniziare solo a termine del lavoro di analisi e progettazione (individuando un esempio di percorso critico).

8. Strumenti di gestione e valutazione di Progetto

Per sviluppare al meglio il progetto di un applicativo è necessario adoperare alcuni strumenti indispensabili sia in ambito progettuale, che di sviluppo, che di gestione. L'obiettivo è quello di migliorare la comunicazione e il coinvolgimento degli stackholder, migliorare la capacità di risposta ai cambiamenti, con un approccio preferibilmente iterativo, ottimale per ottenere una maggiore qualità del software realizzato, grazie anche all'adozione di best practice. Verranno indicati di seguito le principali linee guida e metodologie adottate per la migliore conduzione del progetto.

1.1 Norme ISO

Le norme ISO (International Organization for Standardization) forniscono guide per l'uso di norme internazionali, in particolare, la ISO/IEC 25000:2014 fornisce una guida per l'utilizzo delle nuove serie di norme internazionali denominate Quality Requirements and Evaluation (SQuaRE). Lo scopo della norma è di fornire una panoramica generale dei contenuti, dei modelli di riferimento, delle definizioni, della gestione documentale, agevolando la comprensione da parte degli utenti e favorendo il processo di transizione con le precedenti norme.

1.2 ITIL

Le linee guida ITIL (Information Technology Infrastructure Library), evolute dal 1989 (prime pubblicazioni rilasciate dal CCTA - Central Computer and Telecommunication Agency - del governo inglese) individuano delle best practice nella gestione dei progetti IT e consistono praticamente in una serie di pubblicazioni (l'ultima versione è la v3) che forniscono indicazioni sulla modalità di erogazione dei servizi, sulla gestione di progetto, sulla qualità. Lo scopo principale è quello di uniformare conoscenze e procedure affinché possa essere resa possibile la condivisione e la standardizzazione delle informazioni soprattutto per progetti di valenza internazionale. I principali servizi analizzati sono: Service Strategy, Service Design, Service Transition, Service Operation, Continual Service Improvement. Lo ITIL Certification Management Board (ICMB) gestisce le certificazioni per queste linee guida, fondamentali per fornire al potenziale cliente garanzie sulla qualità di gestione di un progetto.

1.3 CMMI

Il CMMI (Capability Maturity Model Integration), promosso dall'Ufficio del Segretario della Difesa USA e sviluppato dal 2007, è un modello che punta al miglioramento dei processi di un'organizzazione e può essere usato per guidare l'evoluzione dei processi all'interno di un progetto al fine di individuare strategie e modalità operative che aiutino ad ottimizzare i risultati dei progetti. Tale sistema individua aree di processi aziendali strutturate su livelli con propri obiettivi da soddisfare.

1.4 PMBOK

La PMBOK (Project Management Body of Knowledge), riconosciuta anche quale standard IEEE, rappresenta una linea guida per definire gli standard di Project Management applicabile a diversi ambiti aziendali, dalla gestione dei progetti industriali, allo sviluppo software. La guida definisce i macro processi (concezione, pianificazione, realizzazione, controllo e rilascio) e le aree di conoscenza (tra cui qualità, rischi, risorse umane, costi, tempi, ecc.).

1.5 SCOR

Gli strumenti SCOR (Supply Chain Operations Reference) e, più recente, DCOR (Chain Operations Reference) offrono un riferimento per individuare i processi specifici e le best practice (insieme agli indicatori) con cui gestire, coerentemente alle strategie aziendali, sia il raggiungimento degli obiettivi sia i miglioramenti più adatti alla mission e alle differenti funzioni di competenza. Partendo dal modello, si entra nel livello dei macro processi utilizzato dall'azienda e da questi si passa ai processi. Per ogni livello gli strumenti propongono degli indicatori appropriati, consentendo ai manager delle singole funzioni aziendali ed al vertice aziendale di seguire l'evoluzione delle performance per il conseguimento degli obiettivi strategici nella gestione dei progetti (più o meno complessi).

1.6 AgiD

Anche l'AgiD (Agenzia per l'Italia Digitale) definisce, in vari documenti, i criteri per la qualità, il monitoraggio ed il controllo dei livelli di servizio per i sistemi ICT relativi ai contratti della Pubblica Amministrazione e per la rendicontazione attraverso una soluzione orientata ai processi di business.

1.7 Ciclo di Deming

Il Ciclo di Deming (basato sul plan-do-check-act) è un modello sviluppato in ottica di continuo miglioramento del servizio in ottica di qualità per capire ed analizzare al meglio stato avanzamento delle attività correttive ed evolutive in base ai feedback del cliente.

1.8 SAL/SAP

È necessario dare evidenza costante (interna all'organizzazione ed esterna ai vari stakeholder) delle evoluzioni di un qualunque progetto (non necessariamente informatico), questo porta alla produzione periodica (solitamente a cadenza mensile) dell'avanzamento di un progetto. Tale fase è corredata dalla produzione di una serie di documenti che evidenzino lo stato del progetto, quali gantt, report e soprattutto ritardi e problematiche per un eventuale riassestamento della pianificazione stessa del progetto.

1.9 KPI

I KPI (Key Performance Indicators) è un indice di monitoraggio aziendale, legato a predefinite regole, che monitora lo stato di un processo all'interno di un'organizzazione. Gli indicatori principali si basano sul volume di lavoro, sulla qualità dell'output o sui costi, con lo scopo di produrre un'opportuna reportistica sui livelli di servizio erogato.

1.10 SLA

Gli SLA (service Level Agreement) rappresentano uno strumento contrattuale con il quale si stabiliscono delle metriche per la fornitura di un servizio e che devono essere rispettate dal fornitore nei confronti degli utenti (si pensi alla copertura di rete per un telefono cellulare). È interessante questo parametro in ottica di servizio più prestante in un'ottica di mercato. Un esempio è legato all'adozione del sistema Cloud più performante per un'impresa o un'Amministrazione Pubblica. Alle SLA sono legate le OLA (Operational Level Agreement), che rappresentano una descrizione concisa e misurabile di quello che operativamente il fornitore di servizio garantisce ed individua una verifica delle prestazioni dichiarate a contratto.

1.11 Function Point

Il Function Point rappresenta un'unità di misura per esprimere le dimensioni delle funzionalità di un software, in fase sia preventiva (quindi anche in fase di gestione di costi di progetto), che di controllo (quindi in fase di sviluppo del software), al fine di avere una stima oggettiva e tangibile dell'impegno richiesto.

9. Strumenti e metodologie di sviluppo di Progetto

A livello sviluppo software è possibile e necessario usare strumenti e metodologie che aiutino lo sviluppo.

1.12 MVC

La realizzazione delle applicazioni deve basarsi su pattern standard che possano essere valutabili e verificabili sul campo e, spesso, in ambito internazionale, risulta importante quindi l'adozione di pattern quale lo MVC che separa lo stato dell'applicazione e la logica di business (il Model), dai componenti di visualizzazione (la view) e dai componenti di gestione e controllo dei flussi (controller).

1.13 Test

È necessario automatizzare e predisporre l'esecuzione delle attività di testing (con strumenti quali, per esempio, JMeter o Selenium) durante il tutto il ciclo di vita del software (Test Driven Development - TDD) per migliorare, aggiornare ed ottimizzare i piani dei test e prevenire gli errori già in fase di sviluppo con eventuale riscontro da parte del cliente. I test devono essere eseguiti sui requisiti per verificarne non solo il funzionamento generale ma anche l'aderenza ai requisiti di un modulo particolare. Devono essere condotti test di modulo, di sistemi (aggregati di più moduli) e di sistema finale (test del prodotto completo). Inoltre, risulta utile sviluppare stress testing per valutare il comportamento del sistema in caso di sovraccarico di lavoro, per l'analisi e l'eventuale accettazione di errori causati dall'eccessivo effort (fail-soft).

1.14 Repository

L'importanza di poter lavorare parallelamente porta alla necessità di usare sistemi di repository (Version Control System) che possano conservare e versionare le differenti versioni di codice prodotto nel tempo da diversi sviluppatori della medesima web application, sia per questioni di sicurezza (è possibile recuperare la versione n-1 se la versione n presenta un errore senza dover riscrivere il codice, oppure comprendere chi ha introdotto un baco, come e quando), sia per questioni di integrazione (un nuovo sviluppatore può scaricare da qualunque punto di connessione nel mondo l'attuale versione del software su cui si sta lavorando). I repository possono essere centralizzati come CVS (Concurrent Versions System) o subversion. Essi presentano un unico server che contiene tutte le versioni, risulta più controllabile ma diviene anche collo di bottiglia in caso di problematiche. Altri repository nascono come repository distribuiti, quali Git, in cui i diversi client che accedono al repository effettuano una copia completa del repository in locale dal server. I vari repository sono solitamente forniti con licenza GPL.

1.15 Continuous Integration

L'integrazione continua è un sistema più ampio di versionamento del codice all'interno del ciclo di sviluppo del software, che consente un allineamento frequente e controllato, anche complementare al TDD, in quanto gli sviluppatori possono eseguire dei test di correttezza e compatibilità del codice prima di rilasciare il loro contributo sull'ambiente condiviso, per evitare che le modifiche non introducano errori nel software esistente. Per tale motivo, il CI viene frequentemente usato in compresenza di sistemi di build automatico o di esecuzione automatica di test, quali Jenkins (strumento alquanto versatile con interfaccia web).

1.16 Code Inspection

L'obiettivo principale dell'ispezione del software è rendere il codice di qualità (con regole predefinite) ed accessibile a tutti gli sviluppatori. La principale piattaforma open source è Sonar, che offre analizzatori di codice e strumenti di reporting.

1.17 Eclipse Modeling Project

Eclipse Modeling Project è un progetto integrato con lo IDE di Eclipse per promuovere l'evoluzione di tecnologie di sviluppo model-based (per supportare il model driven software development) e fornisce strumenti integrati di frameworks, tooling e implementazioni standard per la a composizione, e la manipolazione di informazioni strutturate, tra questi il Model Development Tools (MDT) permette di gestire la modellazione con UML.

1.18 Business Process Management e JBoss

In ultimo, sono disponibili strumenti per l'analisi gestionale di tipo BPM (Business Process Management) tramite una componente dello application server JBoss della suite Red Hat JBoss BPM, che usa le specifiche BPMN 2.0 per la definizione dei processi e presenta sistemi enterprise di business per la gestione documentale, la persistenza, il monitoring, il management, la simulazione e il monitoraggio.

10. Bibliografia

Luciano Manelli, "Programmazione per il Web", Casa Editrice ARACNE, 2015.

11. Indice delle Figure